풋밖에

서성문학내표시신 · 93

뜻밖에

초판 1쇄 발행 | 2025년 9월 13일

저　자 | 채규옥

편　집 | 디자인그룹 여우비
펴 낸 곳 | 도서출판 서정문학
펴 낸 이 | 차영미
주　소 | 서울시 강동구 성안로31길 57-10
전　화 | 02-720-3266　F A X | 02-6442-7202
홈페이지 | http://cafe.daum.net/seojungmunhak.com
이 메 일 | sjmh11@hanmail.net
등　록 | 2008. 3. 10 제324-2014-000060호

ISBN 979-11-91155-62-4 03810
정가 12,000원

ⓒ 채규옥, 2025

*이 책 내용의 전부 또는 일부를 재사용하려면 반드시 저작권자와
서정문학 양측의 동의를 받아야 합니다.
* 잘못된 책은 구입처에서 교환해 드립니다.

서정문학대표시선 · 93

뜻밖에

채규옥 시집

서정문학

| 시인의 말 |

뜻밖에 하나 뿐인 큰 선물을 받으며

 시계 초침이 바쁘게 움직이는 모습을 바라보며 문득 허무한 생각이 스쳤습니다. 요즘 들어 매일 그런 마음이 들곤 했습니다. 그 바쁜 시간이 내게 무슨 의미를 주는지도, 무얼 남기는지도 모른 채 그저 덧없이 흘러가고 있다는 생각이 들었습니다.

 그동안 나는 삶에 순응하며 그때그때 좋으면 좋다고, 이만하면 충분하다고 여기며 살아왔습니다. 아픈 날도, 힘든 날도, 즐거운 날도, 그렇게 하루하루가 사라지고 어느덧 해질녘 노을을 음미할 시간만 남았습니다.

 활짝 핀 꽃이 아름답듯 지나간 날들이 빛나고, 기억 속에 남은 모든 순간들이 글로 나타날 때 그 소중함은 더 깊이 다가왔습니다.

그래서 하루 한 가지씩 무겁게 느껴지던 삶의 조각들을 짧게 메모하며 속마음을 적기 시작했습니다. 오랜 시간 누군가를 챙기며 살아왔던 나는, 어느 순간부터 지친 나 자신을 돌보며 어설프지만 진심 어린 글들을 모아 나에게 선물하고 싶었습니다.

글 하나하나를 마무리하며 어려운 환경 속에서 힘겹게 공부하고 학교를 졸업하며 논문을 쓰던 시절보다도 오히려 내 안의 나를 끄집어내고 들여다보는 일이 더 힘든 도전이라는 것을 깨달았습니다.

책을 출간한다는 사실이 아직은 쑥스럽고 민망하기도 하지만 누구에게 보여주기 위함이 아니라 내 자신에게 "잘 살아왔다"라고 선물하고 싶은 마음이 더 간절합니다.

서울교통공사 역장으로 일하던 시절이 떠오릅니다. 지역사회에 작은 힘이나마 보태며 고객들의 안전한 발걸음을 지키기 위해 사람과 일, 모든 것을 살피던 나날들. 바람처럼 스쳐간 청춘의 계절은 이제 돌아올 수 없지만 그날들은 제 삶의 가장 빛나는 순간이었습니다. 이제 내 나이가 늦가을쯤 되었구나 생각하니 마음을 내려놓으려 해도 가끔은 이유 모를 초조함이 스며듭니다.

두서없는 글을 책으로 엮겠다고 했을 때, 먼저 손을 잡아준 아내, 힘을 보태 준 아들, 며느리, 딸, 사위, 그리고 함께 시를 배우며 서로의 마음을 북돋아 준 동대문학당 문우들에게 감사의 마음을 전합니다.

무엇보다 시의 길을 걷는 동안 큰 힘과 길잡이가 되어주신 최주식 시인님께 깊은 존경과 고마움을 바칩니다. 그 덕분에 뒤돌아본 지난 길 위에 환한 미소 한 줄기 피어오르니, 이 가을, 저는 참 행복한 사람입니다.

2025년 초가을 채규옥

| 목차 |

5   시인의 말 | 뜻밖에 하나 뿐인 큰 선물을 받으며

1부 사람과 사람 이야기

14   뜻밖에
16   시詩
18   나의 이야기
20   어머니
22   형제
24   동창생
26   회갑연
28   결혼
31   생일
32   재회
34   출산
35   불참
36   요양원 위문 공연
38   어머니의 텃밭
40   스승의 날
42   또 그리움
44   등대지기
46   가사
48   농부
50   어부
52   간병인
53   지하철 모녀

- **54** 다짐
- **56** 모임
- **58** 계좌 이체
- **60** 리허설

2부 자연과 사람

- 64 한강과 기타 공연
- 66 눈
- **67** 만개
- **68** 내 고향
- **70** 잡초
- **71** 봄 산
- **72** 여름
- **74** 가을에
- **75** 겨울
- **76** 동백꽃
- **78** 겨울 바다
- **79** 아카시아꽃
- **80** 스킨답서스
- **82** 나팔꽃
- **84** 성우개
- **86** 낙엽
- **88** 가을 편지
- **90** 초등학교 소풍
- **92** 봄의 노래
- **94** 산책길

3부 우리들 이야기

- **96** 한가위
- **97** 무한 감사
- **98** 독서 삼매경
- **100** 발자취
- **102** 나이 들고 보니
- **104** 알람
- **106** 15분의 행복
- **108** 보자기 가방
- **110** 수학여행
- **112** 점심 도시락
- **114** 심야의 행복
- **116** 감사해 보았나요
- **118** 그래, 그러려니 하고 살자
- **121** 한 편의 시
- **122** 6월의 시
- **124** 독서실
- **126** 첫술에 배가 부르나요
- **128** 너는 참 잘하고 있어
- **130** 미루지 말고 지금 하자
- **132** 작은 행복

4부 그때는 그랬지

- **136** 정상의 길
- **137** 백지수표
- **138** 기도
- **140** 할머니 사랑
- **142** 첫눈 오는 날
- **144** 환한 얼굴
- **146** 개업을 축하하며
- **148** 가는 세월
- **149** 시작이 반
- **150** 담뱃잎 추억
- **151** 충고
- **152** 나의 시
- **154** 송년 기도
- **156** 감사
- **158** 가정 방문
- **160** 새해 인사

해설

- **162** 최주식 | 채규옥 시인의 시집 '뜻밖에論'

1부

사람과 사람 이야기

뜻밖에

정말 뜻밖에
예상 못한 기쁜 소식
그 친구 시로 등단했다니
참 축하할 일이지

벌써 시집까지 나왔다고
학창 시절부터 성실하고
언제나 준비된 사람이었으니
첫걸음치고 훌륭해 인정해

배는 한 술에 부르지 않아도
그대의 시작은 분명 빛나네

우리 모두
뜨거운 마음 모아
큰 날갯짓을 응원할게요
믿습니다, 당신을

감탄이 곧 칭찬이라면
오늘 나는 한껏 감탄하려 해요

칭찬에 고래만 춤추랴
이제 당신도
마음껏 춤추기를

시詩

시는
아름다운 시어로 피어나
고요하면서도 자유롭게
표현의 영역을 넓혀간다

즐거운 삶
열정 어린 나날 속에서
나는 의미 깊은 언어를 배운다

미학의 세계 안에서
희로애락의 삶을 나누고
위안을 주고받으며
서로의 마음을 알아간다

나는 너를
한없이 동경하며
애지중지

사랑으로 함께하리라

은유는 깊어지고
유추는 흥미롭고
직유는 자유로울 때까지
시는 나의 곁을 떠나지 않는다

나의 이야기

남쪽 끝 고흥
최초의 인공위성 나로호가 발사된 곳
자연은 푸르고
사람들 인심은 따뜻했던
고향에서
청운의 꿈을 품고
서울로 향했다

공무원이 되어
군도 다녀오고
주경야독으로 대학원을 마쳐
나 자신을 조금씩
더 단단히 더 깊게
쌓아 올렸다

두 자녀를 품에 안고
이젠 출가시키며

부부가 함께 걸어온
긴 시간도 고맙기만 하다

봉직 35년
긴 여정 끝에
이젠 놓쳤던 것을 돌아보며
기타를 들고
시는 마음에 담고
버스킹과 요양원 위문공연으로
누군가의 하루에
작은 미소 하나
피워내는 남자

지금 나는
신나게 사는
채규옥이다

어머니

어머니
이제야 하늘을 우러러
조심스레 안부를 여쭤놉니다
당신이 그립습니다

삶의 단맛, 짠맛, 신맛, 쓴맛
겪어낸 지금에서야
어머니의 짐이 얼마나 무거웠는지
조금은 헤아릴 수 있어
이제야 덜어 드릴 나이가 되었건만

밭고랑에 사랑을 심고
논고랑에 인내를 놓으시던
그 체취가 숙연해지는 건
내내 다 해 드리지 못한
아쉬움이 너무 커서겠지요

살아계실 적 다하지 못한 효도
이제는 남겨진 기억과 마음으로
당신의 향기, 당신의 사랑을
내리사랑으로 꼭 닮아
갚아가려 합니다

형제

세상에서
가장 아름다운 이름, 형제

피보다 진한 인연이라 불리는
형과 아우
철없던 시절
위계를 바로 세워주신
아버지의 엄격한 가르침 속에도
사랑은 늘 숨 쉬고 있었습니다

그 숨겨진 온기가
우리의 숨결이 되어
서로를 응원하는
거부할 수 없는 끈이 되었지요

아낌없이 사랑했던 시절처럼
지금도 변함없는 우리는

참된 형제입니다

이제는
자녀들에게 귀감이 되는 우애로
끝까지 함께
서로의 곁을 지켜가려 합니다

동창생

천진한 웃음과
순수한 말결 속에 함께 자란
우리는 동창생

"백군 이겨라, 청군 이겨라"
운동장 가득 울리던 함성 속
마음 모아 응원하며
승리를 꿈꾸던 시절

서로 바라보며
희망을 이야기하던 친구
눈빛 하나로도
미래를 나누던 날들

이제는 저마다 삶의 길 위에서
가족의 울타리가 되어
든든히 자리를 지킨 우리

참 자랑스럽다
참 아름답다
우리는 여전히
멋진 동창생

회갑연

미국으로 떠난 지
어느덧 30여 년
말없이 시간만 쌓아온 막내 이모
고향은 여전히
그리움의 이름이었지

회갑 생일을 맞아
다시 찾은 고향집
따뜻한 손길로
한 상 가득 차려낸
형제자매의 마음은
말 대신 눈물로 전해졌네

막내의 환한 웃음 속에
삶의 무게도
이국의 외로움도 녹아내리고

산해진미보다 귀한 건
손을 맞잡은 사랑이었고
축하의 노래는
고운 한국말로
가슴 깊이 스며들었지

우리는 알았네
세상에서 가장 아름다운 말은
사랑이라는 것을

결혼

지구 위에서
가장 찬란하고도 특별한 날
태고의 언어로부터 이어져 온
'사랑' 이라는 이름으로
진심 어린 축복을 보냅니다

결혼 행진곡에 실려 오는
신부의 조용한 독백
손을 놓는 순간에도
눈빛으로 응원해 주신 부모님의 마음에
고개 숙여 감사드립니다
행복하게 잘 살겠습니다

멀리서 달려온 축복
가까이서 전해지는 따스한 인사
이 모든 마음들이 인생길을 밝혀 줄
희망의 등불이 되어

두 사람의 걸음을 비추리라 믿습니다

결혼은 인생이라는 풍경 속
가장 빛나는 경사
애정과 신뢰 위에
단단히 뿌리내린 사랑
오늘 우리 곁에 꽃을 피웠습니다

신랑과 신부
세상에서 가장 눈부신 이름
이 아름다운 순간
서로의 어깨를 마주하고
가슴 깊이 맺는 서약 속엔
희로애락을 함께할
우리라는 이야기가 시작됩니다

행복은 찾는 것이 아니라

발견하는 것
그 열쇠는 사랑, 감사, 믿음
존중 속에 있음을 기억하며
하늘의 축복이 언제나 함께하길 소망합니다

오늘의 다짐
설렘을 안고 시작하는
새로운 여정, 새로운 가정
식지 않는 사랑의 온기로
하루하루를 따뜻하게 채워가길

이토록 가슴 빛나는 날
아직 살아보지 않은 날들 속
가장 찬란한 시간을 향해
두 사람의 건강과 행복을 진심으로 기원합니다

생일

어머니 품에 잉태되어
세상에 존재하게 된 날

생일 축하의 말들은
잔잔한 울림으로 다가와
삶의 에너지원이 됩니다

꽃보다 곱다는 단풍처럼
해돋이보다 아름답다는
해넘이처럼

그렇게 소중한 이들과 세월을 동행하며
내년에도 건강하게 맞이하리라 다짐합니다

재회

지성과 아름다움을 겸비한 그대
당신은 참으로 인생의 맛과 멋을 아는
나의 스승입니다

수많은 시간과 공간 속에서
전하지 못한 이야기들은
못 다 쓴 시가 되었고
다 그리지 못한
미완의 그림으로 남았습니다

시공이 다하는 그날까지
미완의 조각들을
더 큰 아름다움으로 승화시켜
풀 향기보다 은은한 에너지로
삶을 채워가고 싶습니다

그리고, 봄의 주인공처럼
당신과의 재회를
조심스레 기대해 봅니다

출산

긴 기다림 끝에
정성과 사랑으로
마침내 너른 품에 안은
귀한 생명, 옥동자

너희 부부와 가족 모두에게
참으로 큰 기쁨이 되었구나

소중히 얻은 이 아이
건강하고 복되게 자라나길 바라며

우리 모두
가슴 벅찬 감동으로
축하를 전한다

불참

꽃잎처럼 흩날리던
5월의 마지막
토요일 밤 모임에
나는 가지 못했어요

멀리서 마음만 보냅니다
혹시 서운했다면
살며시 이해해 주시기를
조심스레 바래봅니다

요양원 위문 공연

비움과 채움
나눔과 봉사
그 사이 어딘가에서
더 깊고, 더 넓은
조금은 깨어 있는
나를 만나고 싶다

경기도 양주시
한 요양원에서
기타 연주로 마음을 전하고 돌아오는 길

불현듯 스쳐가는
부모님의 무한한 사랑
진정한 효도란 무엇인가
혼자 조용히 자문하고
또 대답해 본다.

그리운 마음으로
천천히 올려다보는
저 하늘
어느새 노을이 물든다

어머니의 텃밭

애지중지 가꾸시던
어머니의 작은 텃밭
고추, 상추, 오이, 가지를 심고
매일같이 잡초를 뽑으며
정성을 쏟으셨지요

식탁 위 채소들
자식들을 위한 최고의 웰빙이었고
음식마다 어머니의 사랑이라는
조미료가 더해져
별미 중의 별미가 되었지요

선한 미소 머금은 어머니의 모습은
봄, 여름, 가을, 그리고 겨울
사철 꽃처럼 피어나
벌과 나비가 머무는
아름다운 텃밭이었습니다

이제는 우리 형제가
우애의 정으로
따스했던 시간들을 널리 자랑하며
텃밭을 이어가려 합니다

어머니, 하늘나라 텃밭에서
언젠가 다시 만나
아기자기한 밀담들 들려주세요

사랑합니다

스승의 날

나이 들어가며
무엇으로 자아를 위로할 수 있을까
스스로 묻고 또 묻던 끝에
기타 레슨을 시작했습니다

매년 찾아오는 5월 15일, 스승의 날
탁월한 가르침으로
아낌없이 전해주신
그대의 연주는
내 삶의 새로운 시작이었습니다

가슴을 울리는 아름다운 선율은
석양 아래 서 있는 나를 감싸며
명품 서정시처럼 다가옵니다

요양원에서 재능기부 공연
따뜻한 무대는

내 삶의 보람이 되었고
지금도 우리는
날마다 일취월장하고 있습니다

하루하루
열정을 다해 나아가는 이 길
마음 깊이
감사의 인사를 드립니다

또 그리움

또, 그리움이
더해만 가는 그대여

사랑으로 다가오는 옛 추억
그리움으로는 지울 수 없지만

그런 생각 속에서도
현실을 사랑해야 하는
혼자만의 이유가 있지요

영원히 그리움으로 남은
사랑의 이야기라면
우리가
저 하늘의 별이 된다면
그때는 볼 수 있을까요

사람들은 망각도 하고

때론 상실도 하지요

그래도 지척에 있어도
만날 수 없는 너를
나는 늘 그리워합니다

그것이 사랑이라면
언젠가 별이 되어
다시 만날 수 있겠지요

나만의 생각
나는 오늘도 그리워합니다

이승의 별
당신이 보고 싶습니다

등대지기

먼 바다
별들 사이 가장 빛나는 그대
기억할게, 영원히 기억할래

좋은 날, 나쁜 날 가리지 않고
말없이 우직하게 결코 무딘 법 없고
언제나 그 자리 진리처럼
자신의 길에 충실한 당신

지상의 무엇도 견줄 수 없는 존재
원망 하나 없이 제자리 지키며
섬마을, 방파제, 외로운 해변 끝에서
믿음직한 나침반, 희망의 불빛이 되어

대자연의 고요 속에 숨 쉬는 마음
달빛을 품고 별들과 동행하며
언제나 그 자리에

묵묵히 기다려주는 그대
등대지기

가사

세탁을 하고
밥을 짓고
식탁을 차리는 일들

지극히 평범해 보이지만
결코 가벼이 여길 수 없는
만만치 않은 하루의 일입니다

햇살보다 그늘에서
내조하는 아내는
종일 움직여도
무슨 일을 했는지
티조차 나지 않는 일들을
묵묵히 사랑으로 해냅니다

사랑스러운 손녀들까지
원스톱으로 돌보며
얼마나 긴장되고

얼마나 무거운 책임이었을까요

그 수고 속에 혜택 입은 우리
고마운 마음으로
함께 돕기를 다짐해봅니다

농부

농자지천하대본야
농업은 천하의 근본이라 했지요
근면과 성실을 밑거름 삼아
뿌린 대로 거두리라는 믿음으로
봄부터 가을 수확철까지
묵묵히 뜨겁게
진인사대천명의 마음으로 땅을 일구던 사람

수확은 최선을 다하고
다음은 하늘에 맡긴다는
농부의 철학

순수한 삶의 빛으로
누군가 가족을 묻거든
"아버지는 부지런한 농부셨습니다"
주저없이 말하곤 했지요

지금도 내 마음 속 자랑스러운 농부
현실을 사랑하며
삶의 본이 되었던
나의 아버지

어부

만선을 꿈꾸는 어부는
희망을 품고
먼 바다로 나아갑니다

하늘과 맞닿은 수평선 너머
어딘가 거센 파도와 싸우고
때로는 바다의 낭만에 위로받으며
묵묵히 하루를 견딥니다

푸른 물결은 끝없이 출렁이고
하늘 위 갈매기들은
그를 반기듯 날아오릅니다

만선의 기쁨을 빌며
두 손 모으는 어머니의 기도
무사히 돌아오기를 바라는 간절함에

어부는 오늘도
멋진 사람으로 귀향합니다

간병인

가볍게 다가가려 했던 마음
환자 앞에 서면
왠지 모를 무거움이 먼저 작동합니다

지극 정성 다짐했건만
뜻대로 되지 않은 순간 속에서
나를 돌아봅니다

생로병사의 고개마다
인간의 힘으로는
넘을 수 없는 진실이 있어
저절로 고개를 숙이게 됩니다.

오늘도 다시
최선을 다해보려 합니다.
말보다 따뜻한 손길로
온기를 전하는 간병인이 되려 합니다

지하철 모녀

티 없이
밝고 맑던 두 모녀

지하철에서 내릴 때도
환하게 인사하던 모습

말을 나누는 내내
웃음이 머물던 얼굴들
문득 그리워지곤 한다

지금도 마음 어딘가
잔영처럼 남아 있어

두 사람의 행복을
빌어본다

다짐

무엇이든
최선을 다하자
지금 이 순간에도

끝까지
포기하지 않고
묵묵히 걸어가자

마무리까지
정성으로 채워
스스로를 빛내자

지금에 안주하지 않고
더 나은 나를 향해
한 걸음씩 나아가자

누군가를 부러워하기보다

나만의 고유함으로
나만의 명품 인생을 만들어가자

모임

사람과 사람이 만나
삶이 머무는 공간엔
꽃처럼 피어나는 이야기도 있고
먹구름처럼 무거운 대화도 있다

초등학교 친구들 모임엔
동심이 살아 있어
순수함이 참 좋고

옛 직장 동료들과 모임엔
함께 나눈 아기자기한 애환이
추억처럼 묻어 있다

취미를 함께하는 모임에선
새로운 즐거움이 피어난다
서로 배우고 채워주며
선생님이 되어주는 그런 자리

가장 따뜻한 눈빛으로
말없이 모였다 흩어져도

언제나
삶의 샘물처럼
다시 힘을 주는
고마운 우리의 모임

계좌 이체

어느 계좌의 잔고를
다른 계좌로 옮깁니다
숫자 몇 개 움직였을 뿐인데
그 안에 담긴 마음은 큽니다

계좌 이체는
사랑이라 했던가요
자식에게 닿는
끝없는 애프터서비스

휴직한 딸
외손녀 학원비 조금 보태려
가볍게 시작했던 손길이
어느덧 익숙한 일상이 됩니다

하지만 형편 따라
중간에 멈출 수밖에 없던 날

이름 모를 공허함
마음에 내려 앉습니다

그래도 다행인 건
시간이 흐르면
다시 이어갈 수 있다는 믿음

부모의 사랑은
때론 숫자로 흐르기도 하지요
아버지의 마음은
가끔, 계좌 이체로 전해집니다

리허설

공연 일정이 정해지면
본 무대에 오르기 전
우리는 모여 숨을 고릅니다

기타 동아리 멤버들
긴장을 풀고
조금씩 자신감을 얹어가는 시간

생각해봅니다
우리네 삶에도
리허설이 있다면
더 깊은 감동을
줄 수 있지 않을까요

일사분란하게
하나 되어 울리는 선율
즐거움을 나누며

서로의 마음이 가까워집니다

부단히 쌓아올린 시간 위에
청량한 소리를 얹고
계속 앞으로 나아가기 위해
욕심을 내어봐도
괜찮겠지요

2부

자연과 사람

한강과 기타 공연

5월의 언어가 흐르는 한강엔
신록의 대화가 잎새미디
바람을 따라 속삭입니다

이름조차 모를 운치가 스며드는 저녁
물비늘 위로 너와 나의 선한 미소가
잔잔히 번져갑니다

기타의 조용한 숨결이
인간의 목소리가 되어
한강의 고운 물결과 어우러지면
시간도 공간도 서로를 건너
하나가 됩니다

뚝섬 한강공원
우리 함께한 그 자리엔
작은 공연 하나로 마음이 피어나고

묵묵히 그러나 뜨겁게
삶의 끈질긴 숨결을 불어넣습니다

이 봄
우리의 삶 속에서도
그 선율은 조용히
그러나 깊게 계속 흐를 것입니다

눈

지상의
그 어떤 것과도
타협하지 않고
사뿐히 내려앉아

태초의 순백으로
머물고 있다

만개

우리 집
베란다 온실

주황빛 꽃을 피워내는
군자란 한 송이

봄 햇살에 간지럼을 타듯
웃음보가 터진다

꽃말은
고귀, 우아, 고결.

나의 일상을
조용히 응원해주는
선물 같은 순간
참으로 아름답다

내 고향

아련히 떠오르는
추억의 그림자 들
이른 아침 들판으로 나가
소를 몰고
학교를 오가며
길가의 꽃과 나무에게 인사하던 날들

하굣길 친구들과
제기차기, 딱지치기, 구슬 놀이
재미가 숨어 있었지요
지금은 그리움이 되어
가슴에 남았습니다

한없이 부지런하시던
하늘 가신 어머님의 잔영이
고향의 햇살처럼
언제나 마음을 어루만집니다

산천은 여전히
가슴 속에 선명히 피어 있어
흙내음 가득한 땅
하늘가에 흐르는 뭉게구름
산새와 들꽃, 정든 산야의 속삭임
내 안에서 숨 쉬고 있습니다

내 고향은 다른 어디도 아닌
바로 여기 변함없이
내 마음 속에 살고 있습니다

잡초

별 관심 없는 벌판
민들레, 질경이, 쑥이 피어난다
누구의 손길도 없이
강인함으로 뿌리 내린 생명들

어디서든 빠르게 번져 가며
그저 잡초라 뭉뚱그려 불리는 존재
그러나 그 안엔
말없는 고집과 깊은 뜻이 담겨 있다

세상에 이유 없이 피는 꽃은 없듯
이름 있는 잡초 하나하나
저마다의 사연을 품고 있다

돌보는 이 없더라도
스스로의 자리에서 묵묵히 살아가는
식물들 속에서 삶의 진실을 본다

봄 산

벼랑 끝 바위틈
숨결처럼 피어나는
제비꽃 하나
새 생명의 태동을 알립니다

산길을 오르다 문득 마주한 너
참 대견하구나
누군가의 발길에도
짓밟히지 않기를 바라는 마음으로
나는 강인함을 배우고 싶어집니다

언젠가
햇살 아래 자랑스럽게 만개하는 날엔
부디 나를 초대해 주렴
나도 꼭 그 자리로 갈게

여름

작열하는 태양 아래
영혼마저 뜨거움에 휘청거린다

여름을 떠올리면
그늘, 장맛비, 휴가
선풍기, 냉장고, 부채
얼음 동동 띄운 냉콩국수
시원한 미역냉국까지
상상의 시간 속에서
무더운 여름이
어느새 다 지나간 듯하다

쏟아지던 소낙비
하얀 파도가 밀려오며
더위를 안고 가듯
한 줄기 시원함을 전한다

나도 하나의 무인도
바람을 몰고 와
누군가에게
시원한 해풍처럼
기분 좋은 위로가 되고 싶다

가을에

수확의 물결따라
풍요로움이 마음 깊이 스며드는
가을

무르익은 햇살 속에서
나를 돌아본다
침묵과 사색이 머무는 시간
성찰로 성숙해지는 계절

고요히 번져오는 잔잔한 울림
눈이 아니라
마음으로 느껴지는
깊고도 그윽한 계절

나 또한 이 계절처럼
천천히 익어간다

겨울

설렘을 품고 있는
너는
참으로 겸손하구나

반드시 봄이 온다는
오래된 진리를
말없이 간직한 채

오늘도
찬바람 속을
묵묵히 살아간다

동백꽃

눈 속에서도 우아하게 피어나는
붉은 꽃 한 송이
문학과 예술 속에서
오래도록 사랑받아 온 이름

한겨울에도 망설임 없이
화려한 꽃을 틔우는 동백
그 꽃말은 변치 않는 사랑
겸손함, 아름다움
그리고 강인함과 희망

찬바람에도 흔들리지 않는
고운 자태는 겨울을 견디는 용기

풍성한 꽃잎이
부드럽게 펼쳐질 때
봄은 아직 멀었건만

마치 곁에 다가온 듯하다

그렇게 동백은
내게 고백처럼 다가와
잊지 못 할 인상을 남긴다

겨울 바다

순리도 집착도
다는 얽매이지 않은 바다

하늘을 가르며 날아오른 갈매기
세상을 향해, 사람을 향해
까륵 까륵
바다에서 말을 건넵니다

썰물 따라 떠나보낸 이별은
이내 밀물 되어
그리움으로 밀려오고
바다는 모든 것을 품어냅니다

파도에 부딪쳐도
날개를 접지 않는 갈매기처럼
우리도 다른 세상을 향해
비상을 준비합니다

아카시아꽃

꽃내음이 살며시 다가와
마음을 흔듭니다.
오월의 향기, 아카시아꽃이
자연의 숨결로 주위를 가득 채웁니다

아카시아의 꽃말은
사랑, 우정, 순수
특별한 순간의 기념이라지요

오늘처럼
삶에 떨림을 더해주는 이 꽃은
순간들을 한층 더 빛나게 만듭니다

사랑과 우정이 머무는 계절
그 이름을 아카시아라 부르고 싶습니다
소중한 기억처럼
마음에 피어나는 사랑스러운 나무입니다

스킨답서스

햇살 고운 봄날
이웃집 내문 앞
노상에 작은 화원이 열렸다

평소 좋아하던
스킨답서스 한 송이
그 꽃집엔 없어
정성스레 따로 주문을 넣었다

베란다 한 켠
작은 화분에 옮겨 심고
아침 저녁 물을 주며 말을 걸었다
그 아이
참 곱게 자라고 있다

맑은 공기를 품고
초록결 고운 잎새로

조용히 방 안을 물들이며
어느 자리나 어울리는 식물

오늘도 나는
함께 어우러져 사는 삶을
스킨답서스에게 배운다

나팔꽃

나팔을 닮았다고
사람들은 나를
나팔꽃이라 부른다

어디서 왔는지 모를
작은 씨앗 하나
베란다 틈새에 자리 잡더니

여름 햇살 아래
붉고 파랗고 보랏빛으로
화려하게 피어나
고운 자태를 뽐낸다

너의 꽃말은
사랑의 고백
희망 그리고 기대

새로운 시작을
살며시 알리는 꽃

오늘도 희망의 노래를 속삭이며
내 곁에 조용히 머무르고 있다

성우개

고향 산
성우개에 올랐습니다
중학교 시절 추억이
숨 쉬는 산자락
그때는 한우 한 마리가
농가 재산의 반을 차지하던 시절이었지요

하교 후의 일과는
성우개에 풀어둔 소들을
하나하나 확인하는 것이었고
소가 보이지 않으면
그날 밤은 새벽까지
이 골 저 골 헤매어 다녔지요

옆 마을 회관 마당에서
소를 발견했을 때의
안도감과 기쁨

말로 다할 수 없었습니다

지금 그곳은
울창한 숲이 되어
발길조차 닿기 어려운 땅
돌아갈 수 없는 시절이
저 멀리 안개처럼 아른댑니다

쌍무지개가 떠오르는 저녁 하늘 아래
함께 소를 몰던
목동 친구들의 안부가
문득 그립습니다

낙엽

가을아
가을아

새 생명을 품기 위한
긴 여정을 마치고
이제 떠날 채비를 하는구나

지루해진 초록을 벗고
붉은 옷으로 갈아입은 너
그리운 고향
자연의 품으로 돌아가려 하는구나

바람결에 실려
아름다운 선율 되어
그대 이름
한 번 불러본다

떠나는
가을아
가을아

가을 편지

울고 웃던 하루하루
그 사연들 곱게 저어
단풍처럼 울긋불긋한
이야기 건네고 싶어요

여름 가을 겨울 속에서도
늘 봄 같았던
우리들의 이야기

물들어 바스락거리는
플라타너스 넓은 잎 위에
마음을 적어
바람에 실어 보내고 싶어요

낭만으로 가득했던
로맨틱한 사랑
인동초 향기처럼

곱고도 아련했다 말하고 싶어요

해마다 이맘때면
가슴 속에 살며시 기다려지는
그리운 가을 편지 한 장

초등학교 소풍

두메산골 내가 다니던
작은 초등학교
늦은 봄 소풍날이 정해지면
아이들 가슴엔 설렘이
알람보다 먼저 콩닥거렸다

해마다 가던 그곳
금탑사 절마당 가득히
아이들 웃음소리 번지고
풀꽃 향기 은은히 퍼지던 곳

둘러앉아 보자기 풀어
고슬한 밥 위에 얹힌
계란후라이 소시지
김밥 곱게 싸온 친구와
괜히 비교되어
살짝 고개 숙였던 그 날의 나

오가던 먼지 자욱한 흙길
종달새 노래 따라
우리가 부르던 소풍 노래
그 길 따라
엄마가 싸주신 도시락이
문득 그리워진다

부끄럽다 생각했던
그 정성이
이제는 다시
먹어보고 싶은
따뜻한 추억이다

봄의 노래

혹한을 건너
민길을 들이
동면의 침묵을 깨고
종종걸음으로 우리 곁에 다가온 봄

조심스레 마음을 두드리는
봄의 언어
"함께 가자" 속삭이며
야생화와 나란히 걷는 따스한 시작

응원하고 응원받으며
봄과 동행하는 꽃들
진달래, 벚꽃, 수선화, 히아신스
그리고 노란 개나리

개나리꽃에 스며든 연한 봄기운
은은히 번지는 향연은

자연이 부르는 노래 같구나

삶의 어깨를 다정히 토닥이며
풀 향기보다 고운 내음으로
새봄을 채워가는 시간
이 봄, 자연이 건넨 가장 고운 선물

산책길

벚꽃, 개나리, 진달래
힌자리에 피이
봄을 노래하니
산책길마다 활기로 물듭니다

만개한 순간엔
꽃 중의 꽃으로
눈부신 자태를 자랑하다가도
바람에 흩날리며 물러서는 모습이
오히려 고운 듯합니다

사람은 한 계절을 지나
어디론가 사라지지만
꽃은 내년 봄을 또 약속하니
그 마음 고마워
나는 이 길을 다시 건넙니다

3부

우리들 이야기

한가위

세월은 아무리 흘러도
한가위 보름달은
예나 지금이나
변함없이 둥글기만 하네

동심을 품었던
고향 들녘에 서면
바람결에도
어머니 숨결이 닿는 듯

달처럼 넉넉하시던 그 분은
이제 별빛 사이에 머무시고

아끼시던 장독 곁에 서서
달을 보며
그리움 하나
가만히 꺼내어 보네

무한 감사

언제나 그러하셨듯
다정하고 따뜻하신 큰 처남

희로애락 실은
내 인생 열차에 함께 올라
가난한 들판을 지나고
굽이진 강을 건너는 길마다
건네주신 응원 덕분에
나는 열심히 살아낼 수 있었습니다

결혼 41년
칠순이라는 간이역에 다다르니
그 동안의 모든 염려가
오롯이 감사로 남습니다

이제 남은 여정
근심과 걱정은 내려놓으소서
햇살처럼 뜨거운 열정으로 살아가겠습니다.

독서 삼매경

송나라 구양수는
많이 읽고
많이 쓰고
깊이 헤아리고 또 헤아렸다지

마음을 다해 몰입하는 독서의 시간
피어나는 한 줄의 시

초등학교 시절부터
문학의 향기에 이끌려
웅변 원고를 쓰고
선생님의 손길로 다듬어진 문장들
그 가르침은 지금도 살아 있어
내 글 속에 숨 쉰다

편안한 안식처
나를 위한 내일의 선물 같은 독서실에서

책을 읽는다
그리고, 나를 다시 쓴다

발자취

과거의 발자취엔
미덕과 시행착오가 깃들어
오늘을 밝히는 등불이 되고
희망의 빛이 되어 내일을 비춘다

어제와 내일의 문을 넘나들며
닫혀 있던 기억의 문을
조심스레 두드려 본다

막힘을 깨우는 해답의 빛
새로운 시야를 열며
내 걸음은 또 하나의 발자취를 남긴다
용기 있는 흔적으로

살아온 날보다
살아갈 날이 적다 느껴질 때면
진한 추억들이

고개를 들고
내 안에서 다시 달려간다

나이 들고 보니

겸손이 미덕이라 했지요
답은 거기 있었네요

젊은 날
내 자화상은
오만했고 거만했고
반쯤 배운 지식으로 떠든 말들
경솔했던 언행들
그로 인해 잃은 관계는 몇 점이었을까
자아성찰이 절실합니다

세월은 더하고 빼고 곱하고 나누어
인생을 채점하듯 흘러갔고
먼저 인사하는 일
상식에 충실한 태도
모두가 당연하진 않다는 걸
뒤늦게 깨닫습니다

가까운 이일수록 따뜻한 말
바른 예의를 깊이 건네야 한다는 것도요
역지사지
결국 그 마음으로 돌아오더군요

이제는 품위 있게 나이 값을 하고 싶습니다
진심 담아 노력 중입니다
누군가의 본보기가 되는
따뜻한 예스 맨이 되기를 바라며

알람

미리 정해진 조건 아래
경고음이 울리는 장치
어쩌면 일방적인 약속일지도 모르겠어요

언제부터였을까요
기상 시간을 정하고
마음을 다잡으면
그 시간엔 어김없이 눈이 떠졌죠

실수는 허용되지 않되
조금 융통성은 있었던
직장생활 시절
몸에 밴 습관은 여전합니다

이쯤 되면
직업병이라 불러도 될까요
알람이 울리기 전에

이미 깨어 있는 나를 보면
순종이라기보다
스스로 만든 리듬에 살아가는 듯
결국 우리는
누구나 자기만의 알람에
귀 기울이며
살아가는 게 아닐까요

15분의 행복

퇴근 후
집으로 향하는 15분
짧지만 마음이 따뜻해지는 시간

영롱한 아침 이슬로 시작된 하루
저녁 땅거미를 재촉하는 거리의 소음
엇갈리는 발걸음들 사이
나도 그 틈에 스쳐 지나며
날마다 닮은 하루지만
오늘은 왠지
감동이 깃든 날이었던 것 같아
착각일지라도 그랬으면 좋겠다고 생각했다

조금만 더 열심히 살았더라면 하는 아쉬움
현실과 타협한 채 만든 허상의 그림자
아직 오지 않은 내일에
너무 앞서 달려간 마음

그러다 문득 깨어지고
다친 생각들 속에서도
힘이 되어준 무언가가 있음을 깨닫는다

그렇게 사색의 길목에서 스며드는
행복이라는 이름의
15분

보자기 가방

가방이 없어
보자기를 돌돌 매고
초등학교 시절 내내
등하교를 하던 나날들

어쩌다 찢어지기라도 하면
다른 살림살이 제쳐두고
어머니는 희미한 초롱불 아래
자장가를 흥얼거리며
조심스레 꿰매주시곤 했다

졸음을 참아가며
한 땀 한 땀 정성을 담던 손길
바느질에는 애틋한 모성애가 고스란히 흐르고
내 삶의 이정표가 되었다

이제 와 돌이켜보면

어머니의 마음과
어린 내 마음은
말 없어도 닿아 있었던 것 같다

가방 하나
제대로 사주지 못한 걸
끝내 미안해하시던 어머니

하지만 보자기엔
내가 세상에서 가장 좋아하던
가장 크고 따뜻한 사랑이
곱게 싸여 있었다

수학여행

미지의 세계를 향한 발걸음
배우고 느끼며
세상을 넓혀가는 시간

지금은 가끔 여행을 떠나
몸도 마음도 조금씩 살찌우고 있다
욕심 내어 오래
멀리 떠나고 싶다

하지만 학창 시절 내내
한 번도 수학여행을 가보지 못했다
아마도 경제적인 이유였겠지
친구들 떠나는 뒷모습을 바라보던
그날의 마음이
아직도 내 안 어딘가 남아 있다

그래서일까

지금의 여행이 간절하고 고맙다
어쩌면 그때의 아쉬움이
오늘의 풍요를 깊게 만든다

점심 도시락

어머니는 새벽녘
부엌 불을 밝히고
도시락을 싸주셨다

도시락은 늘 같은 반찬
소박한 보리밥이었지만
손맛 하나는
세상 어느 맛보다 깊고 따뜻했다

가끔은 수업 두 시간만 지나도
배가 고파
도시락 뚜껑을 살며시 열던 기억
시장기가 반찬이라지만
도시락은 허기가 아닌
사랑으로 배를 채워주었다

돌이켜 보면

어머니가 아니었다면
학창 시절 누가 매일같이
내 점심을 준비해 주었을까

이제 부모가 되어
깊은 뜻
조금은 알 것 같다

어머니의 말없는 정성과 다정한 손길
도시락 속에 곱게 담겨
지금도 가슴 한 켠
그리움으로 남아 있다

심야의 행복

세상이 잠든 고요 속
시상을 떠올리는
나만의 은밀한 기쁨, 심야의 행복

하루를 되짚고
내일을 그려보는 시간
고요히 깃든 성찰의 순간에
아름답고 고상한 시어들이
내 마음에 머문다

오밤중 창가를 스치는
달님과 별님
그들이 전해주는 이야기
은은한 빛처럼 내 안을 물들인다

시간이 흐르고
세상이 변해도

나만의 이 밤
심야의 행복은
언제까지나 이어질 것이다

선남선녀의 맑은 대화처럼
곱게 저무는 석양처럼
할아버지, 할머니의 이야기까지
삶의 모든 장면을
기쁨으로 담아내고 싶다
밤하늘에 시를 수놓듯
어디서나 습작하고 싶다

감사해 보았나요

아주 소소한 것에도
불만 없이 감사해 보았나요

작은 친절에도
진심 어린 감동으로
고개 숙여 감사해 보았나요

따뜻한 미소
용기 내 건넨 말 한마디에
마음을 열고 감사해 보았나요

일상 속 작은 배려
오고 가는 대화 속에서
마음을 헤아려 감사해 보았나요

쾌유를 빌어준 위로의 말
건강을 기원하는 따뜻한 눈빛에

감사해 보았나요

은혜 입고 신세진 이들을
주저없이 떠올리며
감사해 보았나요

부모님 형제들이
아무 조건 없이 내민 사랑의 손길을
감사해 보았나요

나의 하루
소란한 일상조차
살아 있음으로 감사해 보았나요

감사하자는 마음으로 바라보면
모든 것이 선물 같은 시간
감사합니다
감사합니다

그래, 그러려니 하고 살자

누군가 내 자존심을
조금 상하게 해도
그래, 그러려니 하고 살자

엘리베이터 안에서
인사 하나 건네지 않아도
책망하지 말고
내가 먼저 웃으며 인사하자
그래, 그러려니 하고 살자

버스를 탔는데
자리를 양보받지 못해도
'내가 아직 젊어 보이나 보다'
웃어 넘기며
그래, 그러려니 하고 살자

길 위에서 차가 길을 내주지 않아도

빨리 가는 게 전부는 아니니
천천히 기다리며
그래, 그러려니 하고 살자

식사 자리에서
매너 없는 이를 바로잡으려 애쓰기보다
내가 먼저 예를 갖추며
그래, 그러려니 하고 살자

산길 오를 때
뒤처진 이를 손잡아 주며
함께 걷는 마음으로
그래, 그러려니 하고 살자

음식이 짜면 조금 덜고
싱거우면 감사히 먹으며
불평보다는 고마움으로

그래, 그러려니 하고 살자

거만하고 아집에 찬 사람을
원망하지 말고
그 또한 삶을 가르쳐주는 사람이라 여기며
그래, 그러려니 하고 살자

한 편의 시

기쁨도 애환도
이름 모를 시인이 남긴
삶을 견딘 넋두리 같은 한 줄

어느 날은
어둠 속 길을 비추는 작은 빛이 되어
세상의 바람을 이겨낼 위로가 되고
가슴을 데우는 따뜻한 희망이 된다

6월의 시

신록이 우거진 숲길
푸르름 더해 가는 산새의 노래
사람들의 목소리마저 깊어져 가는 계절

잠시 고개를 들면
어느새 와 있는 여름
신선한 초록의 숨결은
청량함을 더해주고
유월의 햇살은
환한 미소로 다가와
귓가에 속삭입니다

아직도 가슴에 남아 있는 그리움이
불을 지피고
잎새마다 맺힌 향기는
삶을 깊고 환하게 영글게 합니다

나뭇잎 하나
햇살 한 조각
누군가의 따뜻한 말 한마디에도
푸르른 숨결이 스며 있는 곳

그곳에서 유월의 사랑을 가슴에 담아
행복과 기쁨을 나르는 장미꽃처럼
곱게 피어나는 삶이 되기를
신록의 숲길을 걸으며 빌어봅니다

독서실

내 행복이 머무는
시간과 공간
영혼마저 상상으로 날개를 펼치는 곳입니다

책장을 넘기다 보면
시 한 줄, 마음 한 자락 떠올라
행복으로 향하는 작은 길을 걸어갑니다

독서와 작문
힐링이 교차하는 이 길 위에서
시공이 멈출 그날까지
나는 머물고
당신도 머물고
우리 모두 머무는 독서실

정성으로 사랑하고
초지일관 변함없는 마음으로

책을 펼칠 때마다
나도 당신도
한결같은 마음으로 글 속에 머뭅니다

나태함 멀리하고
오늘도 가벼운 발걸음으로
독서실 문을 노크합니다

첫술에 배가 부르나요

첫술에 배 부르랴
천 리 길도 힌 길음부디리 헸지요

한 계단 한 계단
차곡차곡 오르며
인내로 꿈에 다가가자고
스스로 묻곤 합니다

지나온 날들 돌아보면
큰일보다 작은 것 하나가
소중했던 순간들이 있습니다

기적이란 물 위를 걷는 일이 아니라
땅 위, 한 걸음씩 내디디며
기본을 다지는 길이라 하죠

큰 영광이 아니어도 괜찮습니다

사소함조차 해내지 못 할 때야말로
진짜 불행 아닐까요

나에게 묻습니다
"첫술에 만족하진 않아도
평범한 진리에 시간을 보내고 있나?"

오늘도 예쁜 말 하나 건네고
아름다운 시어 한 줄
걸음마처럼 써내려 가는 시간
작은 실천 속에 삶의 행복이
숨 쉬고 있다고 생각합니다

너는 참 잘하고 있어

고고지성 울리며
이 세상 첫설음 뗀 그날부터
너는 이미 잘하고 있어

시작이 반이라 했지
배우려는 너의 맑은 눈동자 속엔
새벽빛처럼 고운 의지가 있어
그래 너는 잘하고 있어

살아가며 필요한 건
많지 않다는 걸 알기에
욕심을 비우는 너의 마음
그것만으로도 충분해

땀 흘리지 않은 공짜를
바라지 않는 너의 생각은
진실한 바람처럼 맑고

너는 참 고운 사람

흙수저라며 탓하지 않고
성실의 대가를 묵묵히 기다리는 너
마음 하나로도
너는 정말 잘하고 있어

미루지 말고 지금 하자

은혜를 입었거든
고마운 마음 가슴에만 담지 말고
미루지 말고 지금 전하자

진정 사랑한다면
기회가 머물 때
따뜻한 말 한마디
미루지 말고 지금 하자

내일은 누구도 알 수 없으니
약속 뒤로 숨지 말고
오늘의 용기로 지금 다가서자

심사숙고도 귀하지만
경솔하지 않다면
망설이지 말고 지금 하자

우정을 나누고 싶다면
시간이 발목 잡기 전에
마음의 끈을 지금 풀어주자

미안한 마음이 있다면
차일피일 핑계 말고
진심으로 지금 사과하자

은혜로 넘치는 이 하루
감사의 기도
마음속에만 두지 말고
미루지 말고 지금 하자

작은 행복

크고 거창하지 않아도
마음에 스며드는 조그마한 감동이 있다

잠 푹 자고
가뿐히 출근길 나서는 아침
아기는 울지 않고
에미 품에서 해맑게 웃고

손녀는 할머니 말 잘 듣고
환한 얼굴로 학교 가는 날

멀리 있는 가족 친구들이
아프지 않고 잘 지낸다는 소식

문득 지인이 안부를 물어올 때
약속 정한 친구가 시간 지켜줄 때
내 작은 친절에 고맙다 전해줄 때

웃음소리 흐르는 집안
주방 어딘가에서
맛있는 간식이 나를 기다릴 때

너그러움 닮은 사람 곁에서
고요한 여백을 함께 느낄 수 있을 때

아무 탈 없이
하루가 무사히 흘러간 저녁이면
모든 순간이
참 고맙고 따뜻하다

4부

그때는 그랬지

정상의 길

정상으로 가는 길
지름길도 있고
험난한 길도 있더라

내가 아는 단 한 가지
하나의 일념은
정상을 정복하겠다는 마음

어떤 역경이 닥쳐와도
넘고 또 넘어서야
비로소 정상의 희열을 맛보지

나를 위해
각자의 길을 묵묵히 걸어가야

백지수표

늘 고마운 사람에게
내게 조용히 힘이 되어준
그대에게

언제나 내 편이 되어
말없이 곁을 지켜준
그 마음에

무엇이든 주고 싶다
정말 주고 싶다

비어 있는 주머니지만
진심 하나
종이 한 장에 꾹 눌러 담아

마음껏 쓰라며
조심스레 내미는
나의 백지수표

기도

할머니의 기도는
손자 손녀의 앞날에
은은한 축복을 내려주시고

어머니의 기도는
가족 모두의 하루에
건강이라는 햇살을 비춥니다

아버지의 기도는
가정을 위한
넉넉한 삶의 그릇을 구하고

자녀의 기도는
간절한 눈빛으로
취업의 문을 열 힘을 청합니다

손주 손녀의 기도는

작은 손에 담긴 소망처럼
많은 사랑 속에 머물게 해 달라는 말

그렇게 하루하루
기도로 시작하고
사람과 세상의 모든 것 위에
멈추지 않는 마음을 올립니다

그리고 하루의 끝
고요한 저녁
두 손 모아
다시 기도로 마무리합니다

할머니 사랑

손녀는 말한다
세상에서 제일 좋은 사람은
우리 할머니라고

무슨 이야기든
내 편이 되어
아낌없는 사랑으로
끝까지 들어주니까

맛있는 간식도
놀이터에서 함께 뛰노는 시간도
동화책을 소리 내어 읽어주는
그 순간마저 행복해서

햇살처럼 환하게 웃으며
할머니처럼 되고 싶어
말하는 손녀는

사랑 안에서
무럭무럭 자라고 있다

첫눈 오는 날

첫눈 오는 날
문득 나는
천진한 개구쟁이로 돌아가
손끝으로 눈을 뭉치며
하얗게 웃던
아버지를 떠올립니다

눈사람을 만들고
눈길을 걸으며
많은 추억을 쌓으시던 그분

한세상 살아오시며
늘 자상하고 인자하셨던 아버지처럼
이제는 나도
더 힘차게
더 열심히 살아가려 합니다

함께 살아가는 세상
더불어
함께라는 마음으로
내 삶의 자화상을
따뜻하게 그려봅니다

아버지
눈사람을 만들던 차가운 손에
지금이라도
핫팩 하나 건네드리고 싶어요

참
그립습니다

환한 얼굴

보고 싶어라
날마다 날마다
환한 얼굴이 떠올라
마음속 거울에 비춰 보네

미소 머금은 자화상 그리며
오래된 그 사람
그리움으로 다시 만나네

사랑이 있고
꿈이 있고
희망이 머무는
환한 얼굴

인생을 다 아는 듯
세상에서 가장 아름다운
동경의 빛 얼굴 하나

나도 언젠가
그 얼굴 닮고 싶어
거울 앞에 조용히 서 있네

그리고 문득 묻네
언제쯤 그 얼굴 마주 보며
따뜻한 사랑차를 나눌 수 있을까

개업을 축하하며

섭섭이는 언제나
한 땀 한 땀 정성으로
성실하게 길을 걸어왔지요

그 노력이 꽃피어
오늘 빛나는
마트 2호점의 문을 엽니다

우리 동아리 이름으로
마음을 담아 축하를 전합니다

오늘도 내일도
먼 훗날까지도
그대의 뜻이
더 넓고 깊게 퍼지기를 바랍니다

착하고 부지런한

섭섭이의 따뜻한 마음을
하늘도 별도 바람도
분명히 알고 있을 거예요

가는 세월

너는
씨줄과 날줄이 교차하듯
내 영혼의 작은 뜨락을 스쳐갔지

때로는 진지한 침묵으로
때로는 무거운 그림자로 다가와
내 하루를
천천히 물들였지

화선지 위에 번지는
수묵 한 점처럼
희미하지만 깊은
아련한 삶의 빛으로
너는 지금도
아름다운 시간과 공간 속에서
나를 일깨우며
지나가고 있지

시작이 반

시작한다는 것은
이미 절반을 걸어 나선 일
기분 좋은 출발이지요

그 시작이
꿈이라면
간절한 희망이라면
남은 절반은
내 걸음으로
내 노력으로
천천히 채워갈 몫입니다

담뱃잎 추억

뙤약볕 속에서 담뱃잎을
따시던 아버지
큰소리로 부르시면 시원한 물을 들고 달려갔지

커다란 담뱃잎 아래 몸을 낮추시고
고랑 고랑 사이를 누비며 잎을 따던 아버지

가슴 깊이 스며 들어 있던 서러운 향내
누군가 입가에서 잠시 머물다 뽀얀 연기로 사라진다

음지에서 건조되던 담뱃잎을 알고 있을까
다 주고 한줌 재가 될 때까지 주고 싶어 했던
아버지 사랑을

충고

누구에게든
쉽게 충고하지 말게

정작 충고가 필요한 사람일수록
남의 말을
듣지 않기 마련이네

얄팍한 자존심
그 얇은 벽 하나가
마음을 굳게 닫아버리지

그대가
나를 바꿀 수 없듯
나 또한
누군가를 바꿀 수 없으니까

나의 시

고운 시어들을
한 술 한 술 모아
적재적소에 스며들길
소망합니다

누군가의 애환 서린 삶에
빛처럼 닿아
환하게 웃게 하는 시가
되고 싶습니다

고뇌하는 마음의 골짜기에도
작은 위로 되어
치유의 문장 하나
남기고 싶습니다

비록 나의 시가
미약하더라도

멈추지 않고 써내려가며
들녘에 피는
한 송이 야생화처럼
누군가에게
희망이 되기를
진심으로 바랍니다

송년 기도

하루하루
은혜로운 날들이
내 가슴 속에 살아 숨 쉽니다

한 해 동안 베풀어주신
보석 같은 사랑
그 고귀한 사랑 덕분에
참으로 행복했습니다

애정과 관심으로 함께한
다정한 이들이 곁에 있어
더욱 감사했습니다

눈길은 고요하게
마음은 뜨겁게
아름다운 삶을 소망합니다

새벽의 첫 빛처럼
새해에도 늘
기쁨이 우리의 길을
밝혀주시리라 믿습니다.

감사

사랑보다
더 깊은 것이
우정이라며
늘 그렇게 말하던 너

애틋한 마음 속엔
남다른 깊이와
따스한 폭이 있었지
참 너다운 진심으로

3월의 마지막
토요일 밤
무지개처럼 빛났던
동창생들의 시간

불꽃처럼 타오르던
우리의 웃음과 노래로

모두가 하나 되었던 밤

모래사장보다
더 넓은 마음 안에서
우리는 참 따뜻했고
행복했지

참 고마운 밤이었어
참 고마운 너였어

가정 방문

선생님 집에 오신다고 하면
어머니 티도 안 나는 대청소하셨다

멀리서 아이들 달려와
선생님 오고 있다 기별하면
어머니 두 손 가지런하고
아버지 목소리를 낮추고 기다렸다

작은 상 위에 드릴 것 없다며
조심스럽게 올려 놓으시던 냉수 한 잔
선생님 얼굴에 미소가 번지면 따라 웃던
어머니 눈가에 고마움이 담겨있었다

짧은 시간 머물고 가시는 선생님
괜찮다 하시는 손에

몇 날 모아둔 계란 드리며
자식 맡긴 감사함을 전했다
세월 지나도 따뜻한 추억으로 남아 있는 가정 방문

새해 인사

올 한 해
곱디고운 정과 따뜻한 애정 속에서
성취와 행복을 누리시길 소망합니다

아름다운 삶의 염원을 담아
우리 곁으로 다가온
새해

설렘과 기쁨이 가득하고
만사형통하는 나날들
하늘의 큰 축복이 머무는 해가 되기를

우리 모두 더욱 강건하고
한결같은 마음으로
빛나는 삶을 이어가기를 응원합니다

해설

채규옥 시인의 시집 '뜻밖에論'

최주식(시인, 문학평론가)

1. 감탄과 축하의 시 '뜻밖에'

 채규옥 시인의 시집 '뜻밖에'를 읽으면 그의 인생에도 정말 많은 일이 일어났음을 느끼게 된다. 그 중에서도 가장 뜻밖이었던 일은 뜻밖에 시를 쓰고 뜻밖에 시집을 발간한 일임을 알 수 있다. 채규옥 시인은 뜻밖의 일이 생길 때마다, 누군가 던지는 뜻밖의 말 한마디에 마음이 움직일 때마다, 뜻밖에 지나간 풍경이 그리워질 때마다 혼잣말처럼 시를 썼을 것이다. 문득 감정이 넘치면 그 조각들을 모아 한 줄, 또 한 줄 문장을 만들었을 것이다. 그러던 어느 날, 누군가 "시집을 내보는 건 어때요" 했을 것이다. 뜻밖의 말에 마음이 움직여 시를 한 편 한 편 모아 묶으니 어느새 시집 한 권 분량이 되었을 것이다. 표지는 소박하고, 시집 이름은 모든 일이나 모든 생각이 그야말로 '뜻밖에' 찾아오는 것이니 당연히 '뜻밖에'로 정했을 것이다. 그래서 '뜻밖에'는 뜻밖에 시작된 이야기의 끝이자 또 다른 뜻밖의 시작이다.

채규옥 시인의 시집 '뜻밖에'는 인생은 계획대로만 굴러가지 않는다는 걸 암시한다. 오히려 '뜻밖에' 일어난 일이 삶의 방향을 틀고, 나를 다시 빚어냄을 알게 된다. 좋은 일도, 슬픈 일도 기대한 만큼 오지 않고, 사랑도 행복도 생각대로 오지 않는다. 마음먹고 준비한 일은 뜻밖의 벽에 부딪히고, 전혀 생각지도 못했던 뜻밖의 순간에 활짝 문이 열린다. 뜻밖에 마주친 사람과 사랑에 빠지고, 뜻밖에 놓친 기회 덕에 더 큰 길이 열리기도 한다. 아픔도 눈물도 이별도 처음엔 고통이지만 지나고 나면 새로운 나로 가는 '뜻밖의 길'이었다는 걸 알려준다.

채규옥 시인은 사람의 일이란 늘 뜻밖의 질문을 던지고 뜻밖의 선물을 놓고 간다고 말한다. 모든 것이

'뜻밖에' 일어날 수 있음을 받아들이며, 뜻밖의 순간들이 모여 인생이 되고, 시가 되었다고 말한다. 그래서 채규옥 시인의 '뜻밖에'는 진심 어린 축하와 따뜻한 격려가 한 편의 시로 완성된 감동적인 찬사다. 단어 하나와 문장 하나에 담긴 긍정의 에너지는 시를 읽는 이의 마음까지도 환하게 밝히는 힘을 가졌다.

정말 뜻밖에
예상 못한 기쁜 소식
그 친구 시로 등단했다니
참 축하할 일이지

벌써 시집까지 나왔다고
학창 시절부터 성실하고
언제나 준비된 사람이었으니
첫걸음치고 훌륭해 인정해

배는 한 술에 부르지 않아도
그대의 시작은 분명 빛나네

우리 모두
뜨거운 마음 모아
큰 날갯짓을 응원할게요
믿습니다, 당신을

감탄이 곧 칭찬이라면
오늘 나는 한껏 감탄하려 해요

칭찬에 고래만 춤추랴
이제 당신도
마음껏 춤추기를
                —「뜻밖에」 전문

  첫 행 "정말 뜻밖에 / 예상 못한 기쁜 소식"은 실제 대화를 엿듣는 듯한 자연스러운 말투로 시작되며 시 전체에 진솔함과 생동감을 불어넣는다. 기쁨은 겉도는 말이 아니라 마음을 움직이는 감정의 진동으로 다가와 친구의 시집 발간 소식을 '나의 일처럼' 기뻐한다. "학창 시절부터 성실하고 / 언제나 준비된 사람이었으니"라는 회상이 더해지며 오랜 우정과 신뢰가 자연스럽게 스며든다. 이는 단순한 축하를 넘어 채규옥 시인을 오래 지켜본 사람만이 말 할 수 있는 증언이기도 하다. "배는 한 술에 부르지 않아도 / 그대의 시작은 분명 빛나네" 이 문장은 격려와 믿음이 절묘하게 어우러진다. 성장은 단숨에 이뤄지지 않지만 시작이 가진 가치와 가능성을 바라보는 시선은 감동적이다.

"우리 모두 / 뜨거운 마음 모아 / 큰 날갯짓을 응원할게요 / 믿습니다, 당신을" 이 문장 또한 한 사람의 시작이 곧 우리의 기쁨이 될 수 있음을 상기시키며 긍정적인 에너지를 전한다. "칭찬에 고래만 춤추랴 / 이제 당신도 / 마음껏 춤추기를" 이 재치 있는 문장은 마음껏 기뻐하라는 채규옥 시인의 마음이다. 그래서 '뜻밖에'는 누군가의 기쁨을 진심으로 축하할 줄 아는 사람이 얼마나 아름다운지를 보여주는 시다. 이 시를 읽으면 칭찬이라는 말이 단순한 말이 아님을 느끼게 되고, 진심은 시가 된다는 진리를 자연스럽게 깨닫게 하는 감동적이고 긍정적인 작품이다.

2. 인생찬가 '나의 이야기'

남쪽 끝 고흥
자연은 푸르고
사람들 인심은 따뜻했던
고향에서
청운의 꿈을 품고
서울로 향했다

– 중략 –

지금 나는
신나게 사는
채규옥이다
      — 「나의 이야기」 부문

  채규옥 시인의 '나의 이야기'는 한 사람의 삶을 통해 시대와 가족, 노력과 꿈, 그리고 사랑과 봉사의 가치를 깊게 들려주는 시다. 고요한 아침의 바다처럼 잔잔하지만 담긴 이야기는 울림을 준다. 시의 시작은 전라남도 고흥, 우리나라 남단의 바닷가라는 공간적 배경에서 출발한다. "가난한 농가에서 7남매 중 넷째 아들로 태어났다"는 단순한 출생의 기록을 넘어 한 인생의 뿌리를 보여준다. 그 뿌리는 곧 강직함과 책임감, 학구열로 이어지며 자수성가의 길이 어떻게 만들어졌는지를 시적으로 증명해 보인다.

  중앙으로 향한 꿈과 주경야독 그리고 공직생활 35년, 채규옥 시인은 자기 삶을 미화하지 않으면서도 한 걸음 한 걸음 쌓아 올린 삶의 무게를 진실하게 그려냈다. 특히 "더 단단히, 더 깊게"라는 반복은 인생이 단순한 성취가 아닌 내면의 성장을 동반한 여정임을 보여준다. 가족에 대한 애틋함, 부부로서 동행에 대한 고마움 그리고 은퇴 후 기타를 들고 다시 세상과 연결되는 활동들까지, 이 시는 '일과 사랑, 쉼과 나눔'이라는 인생 4중주를 연주한다.

무엇보다 감동적인 것은 마지막의 자기 선언이다. "지금 나는 / 신나게 사는 / 채규옥이다." 이 짧은 문장은 지금을 즐기고 살아내는 의지와 기쁨을 담고 있다. 이 시는 단순한 회고가 아닌 살아 있는 인생의 찬가다. '평범하지만 단단한 사람'이 어떻게 세상을 밝히는 존재가 될 수 있는지를 말해주는 이 작품은 읽는 이로 하여금 자신의 삶 또한 들여다보게 하는 거울이 되어 준다. 따라서 '나의 이야기'는 아름다운 인생의 여정을 담아낸 자서전적인 작품으로 사건의 나열을 넘어 한 인간의 삶과 성장을 담백하게 그려낸다. "청운의 꿈을 품고 / 서울로 향했다", "더 단단히 더 깊게 / 쌓아 올렸다"와 같은 문장은 내면의 성찰과 노력의 결실을 표현하고 있어 감동적이다.

"지금 나는 / 신나게 사는 / 채규옥이다"는 삶의 결실을 긍정적으로 바라보는 선언으로 독자에게도 용기를 주는 메시지다. '신나게'라는 표현이 유쾌함과 생기 있는 노년의 삶을 함축적으로 보여준다. 기타와 시, 봉사 공연을 통해 삶의 2막을 열어가는 모습이 아름답다. 단순한 회상이 아닌 현재를 살아가는 '나'를 중심에 두어 삶의 역동성을 표현한 점도 인상적이다. 고향과 서울, 가족과 일, 퇴직 이후의 삶까지 많은 이들이 비슷한 궤적에서 자신을 발견할 수 있는 시다. 그러면서도 '채규옥'이라는 이름으로 개성을 분명히 하고 있어 한 사람의 삶이 얼마나 특별한지를 드러낸다. 이 시는 자화상이자 인생찬가이며 나이 들어갈수록 빛나라는 성찰의 기록이다. 무대 위에 기타를 들고 서 있는 채규옥 시인의 뒷모습이 자연스럽게 떠오를 만큼 그림 같은 시다.

3. 애틋한 그리움으로 피어나는 '어머니'

어머니
이제야 하늘을 우러러
조심스레 안부를 여쭤봅니다
당신이 그립습니다

삶의 단맛, 짠맛, 신맛, 쓴맛
겪어낸 지금에서야

어머니의 짐이 얼마나 무거웠는지
조금은 헤아릴 수 있어
이제야 덜어 드릴 나이가 되었건만

밭고랑에 사랑을 심고
논고랑에 인내를 놓으시던
그 체취가 숙연해지는 건
내내 다 해 드리지 못한
아쉬움이 너무 커서겠지요

살아계실 적 다하지 못한 효도
이제는 남겨진 기억과 마음으로
당신의 향기, 당신의 사랑을
내리사랑으로 꼭 닮아
갚아가려 합니다
—「어머니」전문

채규옥 시인의 시 어머니는 깊은 후회와 그리움, 그리고 내리사랑으로 이어지는 세월의 진심을 담아낸 애틋한 헌사다. "빈농 가정에서 태어나 철없는 내가 밥을 달라고 하면, 먹던 밥을 주시고 어머니는 산에 나무하러 가고, 들에서 밭을 매며 시래기된장국을 마련하셨다"는 사연은, 이 시의 뿌리이자 가장 찡한 진실의 무게를 더해주는 이야기다. 단순한 추억의 회상이 아니라 시간이 지나서야 비로소 알아차린 어머니의 무게를 진솔하게 풀어낸다.

"어머니 / 이제야 하늘을 우러러 / 조심스레 안부를 여쭤봅니다" 첫 연부터 고개를 숙인다. 그동안 무심했던 세월 혹은 표현하지 못했던 마음을 되돌아보며 지금에 와서야 건네는 "안부"는 담담하면서도 뼈 아프다. "당신은 산으로 나무하러 가고 점심도 거른 채 아침부터 저녁까지 들에서 밭을 메던" 장면은 어머니의 희생과 사랑을 오롯이 담고 있다. 어머니의 수고는 대단한 업적이 아니라 소리 없이 흘러간 일상 속에 있었고, 그 흔한 한 끼 밥상 위에 고스란히 쌓여 있다. 이 시가 특별한 이유는 회한에 머무르지 않고 '닮아가려는 다짐'으로 마무리된다는 점이다.

"당신의 향기, 당신의 사랑을 내리사랑으로 꼭 닮아 갚아가려 합니다"라는 표현은 단순한 회고가 아닌 다음 세대에게 전해질 사랑의 순환을 약속하는 말이다. 어머니는 채규옥 시인의 그리움이자 세대를 잇는 사랑의 고백이며, 어머니의 숭고함을 말하는 시다. 한 문장 한 문장에서 김이 서리는 듯한 시래기 된장국 냄새가 느껴지고, 땀에 젖은 옷차림의 어머니가 뒷모습으로 떠올라 문득 어머니를 부르게 한다.

4. 사람과 사람의 정겨운 만남 '모임'

사람과 사람이 만나
삶이 머무는 공간엔
꽃처럼 피어나는 이야기도 있고
먹구름처럼 무거운 대화도 있다

초등학교 친구들 모임엔
동심이 살아 있어
순수함이 참 좋고

옛 직장 동료들과의 모임엔
함께 나눈 아기자기한 애환이
추억처럼 묻어 있다

취미를 함께하는 모임에선
새로운 즐거움이 피어난다
서로 배우고 채워주며
선생님이 되어주는 그런 자리

가장 따뜻한 눈빛으로

말없이 모였다 흩어져도

언제나
삶의 샘물처럼
다시 힘을 주는
고마운 우리의 모임
　　—「모임」 전문

이 작품은 우리 삶 속에서 무심코 지나칠 수 있는 '만남'의 의미를 정겹게 포착했다. 사람과 사람 사이의 관계를 섬세하게 그려내 읽는 이로 하여금 자신의 소중한 모임들을 떠올리게 하는 공감과 여운을 불러일으킨다. "사람과 사람의 만남 / 우리들 삶이 있는 공간"은 채규옥 시인의 세계관을 고스란히 보여준다. 인간 관계의 본질이 단지 물리적 모임이 아닌 삶의 일부이자 이야기의 출발점이라는 인식이 담겨 있다.

초등학교, 옛 직장, 취미 활동 등 다양한 모임을 소개하면서 각기 다른 색채와 감정을 한 폭의 수채화처럼 펼쳐 보인다. "동심의 세계 있어 순수해서 좋고" "아기자기한 애환도 있었지" 이런 표현은 감정의 결을 해치지 않으면서도 소박한 아름다움과 회상을 전해준다. 특히 감동적인 부분은 "서로 선생님 같은 모임"이라는 문장이다. 이 문장은 배우고, 나누고, 서로를 북돋아주는 이상적인 인간관계를 상징하며 진정한 공동체의 가치를 드러낸다.

마지막 연에서는 시 전체의 정서를 부드럽게 감싼다. "가장 따뜻한 눈빛으로 / 소리 없이 모였다 흩어져도 / 샘솟는 삶의 활력소 있는 모임"이라는 마무리는 채규옥 시인의 시선이 고스란히 녹아든 서정적 힘인 동시에 인생에서 '모임'이 가지는 치유와 재생을 강조한다. 따라서, 이 작품은 일상적인 주제를 통해 보편적 감정을 건드리는 데 탁월하며, 서정성과 긍정성, 다정한 시선이 절묘하게 어우러져 있다. 읽고 나면 오랜 친구에게 연락하고 싶어지는 여운을 남기는 시다.

5. 순수한 동심이 빛나는 '동창생'

천진한 웃음과
순수한 말결 속에 함께 자란
우리는 동창생

"백군 이겨라, 청군 이겨라"
운동장 가득 울리던 함성 속
마음 모아 응원하며
승리를 꿈꾸던 시절

서로 바라보며
희망을 이야기하던 친구
눈빛 하나로도
미래를 나누던 날들

이제는 저마다 삶의 길 위에서
가족의 울타리가 되어
든든히 자리를 지킨 우리

참 자랑스럽다
참 아름답다
우리는 여전히
멋진 동창생
— 「동창생」 전문

 이 작품은 채규옥 시인이 고향에서 함께 자란 친구들과의 순수한 유년 시절, 지금껏 이어져 온 우정을 긍정적이고 서정적인 시선으로 되새긴 찬가다. 전라남도 고흥, 푸르고 맑은 고장의 정서가 시 곳곳에

은은히 스며 있다. "천진한 웃음과 / 순수한 말결 속에 함께 자란 / 우리는 동창생"이라는 첫 연은 마치 고흥 들녘을 스쳐 지나는 바람처럼 투명하고 깨끗한 유년의 기억을 떠올리게 한다.

"백군 이겨라, 청군 이겨라"로 시작하는 두 번째 연은 고향 운동장을 살아 숨 쉬게 한다. 소박하고 생생한 응원 소리 속에서 경쟁이 아닌 함께였던 기억은 동심의 해맑음을 잘 드러낸다. 고흥의 푸른 하늘 아래, 친구들과 함께 달리며 웃고 땀 흘리던 풍경이 눈앞에 펼쳐진다. "눈빛 하나로 / 미래를 나누던 날들"은 과장 없는 마음으로 진정한 우정을 보여준다. 말이 없어도 통하던 친구, 함께 있으면 미래가 두렵지 않던 시절의 단단함이 느껴지는 대목이다. 그리고 시간의 흐름에서도 우정이 변하지 않았음을 은근히 자랑한다. "이제는 저마다 삶의 길 위에서 / 가족의 울타리가 되어 / 든든히 자리를 지킨 우리" 이 부분은 단순한 회상이 아니라 오래된 인연을 그리며 삶의 성숙함까지 담아내었다.

마지막 연, "참 자랑스럽다 / 참 아름답다 / 우리는 여전히 / 멋진 동창생"은 단순한 찬사가 아니라 한 시절을 함께 건너온 이들만이 나눌 수 있는 긍지와 축복이다. 동창생은 고흥이라는 배경 위에 그려진 '우정'이라는 감정의 서정화다. 시간이 지나도 변치 않는 사람들을 떠올릴 때마다 마음이 따뜻해지는 이유를 이 시는 들려준다. 읽는 이에게도 고향의 친구들을 떠올리게 만드는 좋은 시다.

6. 어머니의 숨결과 들꽃 향기 가득한 '고향'

아련히 떠오르는
추억의 그림자들
이른 아침 들판으로 나가
소를 몰고
학교를 오가며
길가의 꽃과 나무에게 인사하던 날들

하굣길 친구들과
제기차기, 딱지치기, 구슬 놀이
재미가 숨어 있었지요
지금은 그리움이 되어
가슴에 남았습니다

한없이 부지런하시던
하늘 가신 어머님의 잔영이
고향의 햇살처럼
언제나 마음을 어루만집니다

산천은 여전히
가슴 속에 선명히 피어 있어
흙내음 가득한 땅
하늘가에 흐르는 뭉게구름
산새와 들꽃, 정든 산야의 속삭임
내 안에서 숨 쉬고 있습니다

내 고향은 다른 어디도 아닌
바로 여기 변함없이
내 마음 속에 살고 있습니다
―「내 고향」 전문

 채규옥 시인의 시 '고향'은 잊히지 않는 어머니의 손길과 고흥 바닷가의 풍경 그리고 순수한 시절에 대한 그리움을 풀어낸 작품이다. 이 시는 단순한 장소로서 고향이 아니라 채규옥 시인의 정체성과 감정의 뿌리로서 고향을 정감 어린 언어로 포착했다. "아련히 떠오르는 / 추억의 그림자들"은 시간의 흐름을 감싸 안은 듯 고요하고도 뭉클하게 우리를 채규옥 시인의 기억 속으로 이끈다. 소를 몰고 학교에 가던 이른 아침, 꽃과 나무에게 인사하던 맑은 동심의 장면들은 고흥 들판의 햇살과 흙내음을 고스란히 불러온다. 마치 바닷가에서 잔잔히 밀려오는 파도처럼 천천히 다가온다.

중간 연에서는 "재기차기, 딱지치기, 구슬놀이"와 같은 유년의 놀이가 등장하면서 시에 생동감과 활기를 불어넣는다. 바로 뒤이어 "지금은 그리움이 되어 / 가슴에 남았습니다"는 그 시절로 돌아갈 수 없다는 안타까움과 아련함을 한층 더 짙게 해 준다. 이 작품이 감정을 억누르지 않으면서도 지나치게 감상적이지 않은 이유는 바로 이러한 절제된 진심에 있다. 가장 애틋한 대목은 역시 어머니를 떠올리는 장면이다. "하늘 가신 어머님의 잔영이 / 고향의 햇살처럼 / 언제나 마음을 어루만집니다" 이 표현은 슬픔이 아니라 어머니가 여전히 햇살처럼 따뜻하게 존재한다는 위로로 다가온다. 자나깨나 어머니의 고단함을 잊지 않는 자식의 마음은 그리움이면서 동시에 존경으로 표현된다.

마지막 연에서는 채규옥 시인은 말한다. "내 고향은 다른 어디도 아닌 / 바로 여기 / 변함없이 / 내 마음 속에 살고 있습니다" 이렇게 '고향은 장소가 아니라 마음'이라는 보편적이면서도 개인적인 진리를 들려준다. 고향은 어머니의 발자취, 흙냄새, 구슬치기 놀이, 하늘가의 구름까지, 한 사람의 삶을 빚어낸 모든 요소들이 들어 있는 서정시다. 특히 고흥이라는 지역이 지닌 농촌과 바닷가가 어우러진 정서를 담아내어 읽는 이의 마음을 향토의 포근함으로 덮어주는 시다.

7. 시간이 만들어낸 숲 '성우개'

고향 산
성우개에 올랐습니다
중학교 시절 추억이
숨 쉬는 산자락
그때는 한우 한 마리가
농가 재산의 반을 차지하던 시절이었지요

하교 후의 일과는
성우개에 풀어둔 소들을
하나하나 확인하는 것이었고

소가 보이지 않으면
그날 밤은 새벽까지
이 골 저 골 헤매어 다녔지요

옆 마을 회관 마당에서
소를 발견했을 때의
안도감과 기쁨
말로 다할 수 없었습니다

지금 그곳은
울창한 숲이 되어
발길조차 닿기 어려운 땅
돌아갈 수 없는 시절이

저 멀리 안개처럼 아른댑니다

쌍무지개가 떠오르는 저녁 하늘 아래
함께 소를 몰던
목동 친구들의 안부가
문득 그립습니다
　　　—「성우개」 전문

  채규옥 시인의 시 '성우개'는 고향 산을 배경으로 한 유년 시절의 기억과 함께했던 친구들에 대한 그리움을 서정적인 정서로 그려낸 회고시다. 고향의 풍경을 넘어, 노력과 책임, 우정과 그리움이 교차하던 성장의 시절을 담백하게 펼쳐 보인다. "고향 산 / 성우개에 올랐습니다 / 중학교 시절 추억이 / 숨 쉬는 산자락" 이 첫 연은 채규옥 시인의 발걸음이 현재에 있음에도 마음은 과거로 깊이 스며들었음을 보여준다. '숨 쉬는 산자락'은 단지 배경이 아닌 기억과 감정이 여전히 살아 있는 장소임을 말해주며 시의 서정적 분위기를 단단히 잡아준다.

이어서 "한우 한 마리가 / 농가 재산의 반을 차지하던 시절"을 회상한다. 시대상을 묘사한 것 같지만 그 시절 아이들의 책임감과 가족의 삶에 대한 의무를 은연중에 드러낸다. 하교 후 소를 찾으러 다녔던 골짜기들, 소가 보이지 않았을 때의 초조함, 찾았을 때의 안도감과 기쁨, 이러한 감정 흐름은 극적이지 않으면서도 진실되게 다가온다. "말로 다 할 수 없었습니다" 또한 가장 빛나던 소년기적 감정의 크기를 말해주고 있다. "지금 그곳은 / 울창한 숲이 되어 / 발길조차 닿기 어려운 땅"이라는 현재의 묘사는 세월의 무상함을 느끼면서도 자연의 순리와 숭고함을 담아낸다.

  마지막 연 "쌍무지개가 떠오르는 저녁 하늘 아래 / 함께 소를 몰던 / 목동 친구들의 안부가 / 문득 그립습니다"는 시간과 공간을 뛰어넘는 우정과 그리움이 살아 숨쉰다. 그리움은 슬픔이 아니라 따뜻한 긍정의 표현이다. 이 시의 큰 미덕은 과거를 미화하거나 슬퍼하지 않고, 담담한 시선으로 품어낸다는 점이다. 채규옥 시인은 그리움 속에서도 "그때가 있어 지금의 내가 있다"는 메시지를 전하며, 읽는 이로 하여금 자신의 '성우개'를 돌아보게 만든다. 따라서 기억이 피워낸 숲 속 성우개를 걷는 시인의 발걸음은 단단하다.

8. 계절과 사람의 푸른 숨결을 담은 '6월의 시'

  신록이 우거진 숲길
  푸르름 더해 가는 산새의 노래
  사람들의 목소리마저 깊어져 가는 계절

  잠시 고개를 들면
  어느새 와 있는 여름
  신선한 초록의 숨결은

청량함을 더해주고
유월의 햇살은

환한 미로 다가와
귓가에 속삭입니다

아직도 가슴에 남아 있는 그리움이
불을 지피고
잎새마다 맺힌 향기는
삶을 깊고 환하게 영글게 합니다

나뭇잎 하나
햇살 한 조각
누군가의 따뜻한 말 한마디에도
푸르른 숨결이 스며 있는 곳

그곳에서 유월의 사랑을 가슴에 담아
행복과 기쁨을 나르는 장미꽃처럼
곱게 피어나는 삶이 되기를
신록의 숲길을 걸으며 빌어봅니다
— 「6월의 시」 전문

'6월의 시'는 초여름의 신록과 자연의 숨결 속에서 삶의 아름다움과 내면의 성숙을 노래한 서정시다.

계절의 전환을 풍경보다는 감각과 감정, 사람 사이의 온기로 연결된 이야기로 풀어낸다. "신록이 우거진 숲길 / 푸르름 더해 가는 산새 소리 / 사람 소리 깊어져 가는 계절"이라는 흐름은 마치 숲길을 함께 걷는 듯한 입체적인 감각을 전해 준다. 채규옥 시인은 눈에 보이는 풍경을 묘사하는 것이 아니라 귀로 듣고 가슴으로 계절의 온도를 담아낸다. "잠시 고개를 드니 어느새 와 있는 여름"이라는 문장은 삶의 흐름이 얼마나 빠르게 지나가는지를 깨닫게 한다.

채규옥 시인이 더 깊은 정서로 들어가는 "아직도 남아 있는 그리움이 / 내 가슴을 타오르게 하고" "잎새마다 머금은 향은 환호하는 / 우리 삶을 더 영글게 한다" 이 문장은 계절을 통해 그리움이라는 감정을 끌어올리며, 삶을 성숙하게 만드는 긍정적 인식을 드러낸다. 또한 "나뭇잎 하나 / 햇살 한 조각에도 / 아름다운 사람 소리에도 / 푸르름 숨결이 있는 곳"은 삶의 모든 장면이 얼마나 가치 있고 감동적인지를 일깨운다. 시인은 자연의 작은 부분에서까지 존재의 아름다움과 생명의 환희를 발견한다.

마지막 연은 이 시의 메시지를 가장 선명하게 전한다. "유월의 사랑 담아 / 행복 있고 즐거움을 나르는 / 장미꽃 곱게 핀 삶이 되소서" 여기서 6월은 계절이 아닌, 사랑과 기쁨, 희망을 전하는 상징적 매개로 자리하며, 자연과 사람이 어우러진 한 폭의 축복 같은 시로 마무리된다. 긍정과 감동의 아름다운 공존을 노래한 '6월의 시'는 자연을 예찬하는데 머물지 않고, 삶의 순간순간에 깃든 감정과 풍경들을 통해 위로와 소망을 건넨다. 이 시를 읽고 나면 초록빛이 더 반짝여 보이고, 지나가는 사람의 소리가 더 따뜻하게 들리며, 하루하루가 장미꽃처럼 곱게 피어나기를 바라게 된다.

9. 보자기에 담긴 어머니의 사랑 '보자기 가방'

가방이 없어
보자기를 둘둘 매고
초등학교 시절 내내
등하교를 하던 나날들

어쩌다 찢어지기라도 하면
다른 살림살이 제쳐두고

어머니는 희미한 초롱불 아래
자장가를 흥얼거리며
조심스레 꿰매주시곤 했다

졸음을 참아가며
한 땀 한 땀 정성을 담던 손길
바느질에는 애틋한 모성애가 고스란히 흐르고
내 삶의 이정표가 되었다

이제 와 돌이켜보면
어머니의 마음과
어린 내 마음은
말 없어도 닿아 있었던 것 같다

가방 하나
제대로 사주지 못한 걸
끝내 미안해하시던 어머니

하지만 보자기엔
내가 세상에서 가장 좋아하던
가장 크고 따뜻한 사랑이
곱게 싸여 있었다
　　　　—「보자기 가방」 전문

채규옥 시인의 '보자기 가방'은 가난했던 유년 시절을 통해 어머니의 사랑과 희생이 인생의 중심이 되었음을 드러내고 있다. 보잘것없어 보일 수 있는 '보자기' 속에서 따뜻한 감정을 담아내며, 평범한 물건을 시적인 상징으로 승화시킨 감동의 시다. "가방이 없어 보자기를 대용해서 / 초등학교 시절 내내 등하교시 사용했다"는 그 시대의 어려움, 어린 마음의 체념, 그리고 가족의 사정이 모두 녹아 있다. 하지만 채규옥 시인은 이를 비극으로 다루지 않고 그 시절을 담담히 꺼내며 회상한다.

중반부는 시 전체의 정서를 결정짓는 대목이다. "어머니께서 희미한 초롱 불빛 아래 / 자장가를 부르며 꿰매주었다" 이 문장은 한 폭의 정겨운 수묵화처럼 어머니의 바느질과 자장가가 어우러지는 밤의 풍경을 그려낸다. 단순한 '수선'이 아닌 사랑의 한 땀 한 땀이 되었고 "애틋한 모성애 내 삶의 이정표"로 남았다는 고백은 감동을 준다. 이 시가 특별한 이유는 어머니의 미안함조차 따뜻하게 품어내는 채규옥 시인의 마음이다. "가방 하나 못 사준 걸 / 미안해 하시던 어머니 / 그러나 내가 좋아하던"에서는 진정한 효는 과거를 원망하지 않고 사랑의 본질을 알아주는 이해와 감동에서 비롯됨을 보여준다.

마지막 연은 시 전체의 핵심을 한 문장으로 응축한다. "세상에서 가장 큰 사랑 담긴 보자기" 어머니의 사랑은 눈에 보이지 않는 유산이자 자랑이 되었음을 밝히는 이 한 줄은 서정적인 울림을 준다. 보자기 가방은 과거의 어려움을 회한이 아닌 감사와 사랑으로 기억한다. 그래서 이 시가 주는 감동은 눈물보다 따뜻함이며, 그 서정성은 슬픔이 아닌 긍정의 시선에서 비롯된다. 따라서 이 시는 어머니라는 존재의 숭고함이 오래 남는 아름다운 시다.

10. 도시락 속에 담긴 말 없는 사랑 '점심 도시락'

어머니는 새벽녘
부엌 불을 밝히고
도시락을 싸주셨다

도시락은 늘 같은 반찬
소박한 보리밥이었지만
손맛 하나는

세상 어느 맛보다 깊고 따뜻했다

가끔은 수업 두 시간만 지나도
배가 고파
도시락 뚜껑을 살며시 열던 기억
시장기가 반찬이라지만
도시락은 허기가 아닌
사랑으로 배를 채워주었다

돌이켜 보면
어머니가 아니었다면
학창 시절 누가 매일같이
내 점심을 준비해 주었을까

이제 부모가 되어
깊은 뜻
조금은 알 것 같다

어머니의 말 없는 정성과 다정한 손길
도시락 속에 곱게 담겨
지금도 가슴 한 켠
그리움으로 남아 있다
—「점심 도시락」전문

채규옥 시인의 '점심 도시락'은 어머니의 사랑을

도시락이라는 일상의 소품을 통해 그려낸 감동적인 시다. '도시락'이라는 물리적 대상 안에 모성애, 기억, 감사, 그리고 삶의 본질적인 온기를 담아내며 따뜻한 울림을 전한다. 시의 첫 연은 매우 뚜렷한 이미지로 시작된다. "어머니는 새벽녘 / 부엌 불을 밝히고 / 도시락을 싸주셨다" 이 문장에는 하루의 시작과 함께 깨어난 사랑, 희생, 책임감이 묻어난다. 그 새벽빛은 어머니의 삶 전체를 상징하며, 채규옥 시인은 그 장면 속에서 시간이 지나서야 비로소 이해하게 된 감정들을 차분히 꺼내 보인다.

중반부에서는 구체적인 기억들이 담담하게 서술된다. "늘 같은 반찬 / 소박한 보리밥이었지만"이라는 문장은 당시의 궁핍함을 숨기지 않으면서도 그 안에 담긴 '손맛'과 '온기'의 위대함을 강조한다. "도시락은 허기가 아닌 / 사랑으로 배를 채워주었다" 이 문장은 단연 이 시의 백미다. 단순한 음식 이상의 것이었음을 절묘하게 표현한 이 문장은 음식을 통해 전달된 어머니의 무언의 사랑을 느끼게 한다.

후반부에서 채규옥 시인은 통찰과 감사를 드러낸

다. "이제 부모가 되어 / 깊은 뜻 / 조금은 알 것 같다" 이 고백은 공감을 불러일으키며 세대를 잇는 사랑과 성숙의 무게를 전한다. 마지막 연 "도시락 속에 곱게 담겨 / 지금도 가슴 한 켠 / 그리움으로 남아 있다"는 기억은 사라지지 않고, 사랑은 형태를 바꿔 내면에 살아 있다는 메시지를 전한다. 점심 도시락은 대단한 사건 없이도 삶의 소중한 순간이 어디에 있는지를 보여주는 시다. 마치 정갈한 흑백사진처럼 누구에게나 있었을 법한 장면을 통해 보편적인 감정, 그리움, 감사, 사랑을 촘촘히 엮어낸다. 어머니의 손끝에서 시작된 도시락 하나가 지금도 시인의 마음은 물론 우리의 마음까지도 따뜻하게 채워준다.

11. 시간을 통과해 얻은 지혜 '나이 들고 보니'

겸손이 미덕이라 했지요
답은 거기 있었네요

젊은 날
내 자화상은
오만했고 거만했고
반쯤 배운 지식으로 떠든 말들

경솔했던 언행들
그로 인해 잃은 관계는 몇 점이었을까
자아성찰이 절실합니다

세월은 더하고 빼고 곱하고 나누어
인생을 채점하듯 흘러갔고
먼저 인사하는 일
상식에 충실한 태도
모두가 당연하진 않다는 걸
뒤늦게 깨닫습니다

가까운 이일수록 따뜻한 말
바른 예의를 깊이 건네야 한다는 것도요
역지사지
결국 그 마음으로 돌아오더군요

이제는 품위 있게 나이 값을 하고 싶습니다
진심 담아 노력 중입니다
누군가의 본보기가 되는
따뜻한 예스 맨이 되기를 바라며
　　　—「나이 들고 보니」전문

'나이 들고 보니'는 삶의 궤적 위에 쌓인 깨달음을 풀어낸 자기성찰의 시다. 화려하거나 장황하지 않은 언어 속에 진실이 깃들어 있으며, 읽는 이의 마음을 흔드는 힘을 지니고 있다. 이 시는 시작부터 가슴에 울림을 남긴다. "겸손이 미덕이라 했지요 / 답은 거기 있었네요" 처럼 짧고 평범한 문장이지만 삶을 통째로 돌아본 사람만이 할 수 있는 통찰이 담겨 있다. 젊은 날의 오만함, 반쯤 배운 지식에 대한 과신, 그로 인해 흘려보낸 인연들을 후회가 아닌 성찰과 용서의 눈으로 바라보는 채규옥 시인의 시선은 우리들 자신의 모습을 뒤돌아보게 만든다.

"세월은 더하고 빼고 곱하고 나누어 / 인생을 채점하듯 흘러갔고" 이 문장 또한 놀랍도록 절제된 언어로 인생의 흐름과 그 안에 녹아든 교훈을 드러낸다. 우리는 누구나 세월이라는 교실에서 배운다. 하지만 그 배움은 때로 너무 늦게 오고, 그 늦음조차도 포용하고 이해하려는 태도가 이 시에 깃들어 있다. "이제는 품위 있게 나이 값을 하고 싶습니다" 이 고백은 인간적인 바람을 담고 있으며, 그 품위는 지혜와 배려, 겸손과 따뜻한 말 한마디에서 비롯된다는 진실을 전한다.

또한 '본보기가 되는 따뜻한 예스 맨'이 되겠다는 다짐은 우리 시대가 잃어버린 아름다운 어른의 모습이기도 하다. 이 시는 나이 듦이 쇠퇴나 끝이 아니라 오히려 내면이 깊고 넓어지는 또 다른 시작임을 보여준다. 누군가를 가르치기보다 먼저 이해하고 손 내밀며, 삶의 품격을 완성해 가는 어른의 길이 펼쳐져 있다. 따라서 '나이 들고 보니'는 삶의 언저리에서 쉽게 지나쳐버리는 감정과 깨달음을 정직하고 따뜻한 언어로 다시 빛나게 만드는 진정으로 '아름다운 나이 듦'을 노래한 시라 할 수 있다.

12. 더 많은 노래와 이야기를 기대하며

인생의 새로운 장을 펴는 채규옥 시인의 용기는 쉼을 택하지 않고 시라는 또 하나의 삶을 만들어 냈다. 나이 숫자는 단지 기록일 뿐 마음의 청춘은 시어 속에서 새싹처럼 돋아나고 있다. 채규옥 시인이 남긴 삶의 깊이는 시라는 언어 속에서 사랑으로 전해지고 있다. 곱게 써 내려간 한권의 시집이 늦은 시작의 아름다움을 증명하고 있다. 첫 시집 '뜻밖에'가 또 다른 시작이 되어 더 많은 노래와 이야기로 이어지기를 기대한다.